はじめての、小さなキリムと小物たち

Simply Designed Accessories
KILIM

Koyun 由紀子

日本文芸社

Welcome to KILIM
キリムの世界へようこそ

キリムってどんなもの?

　キリムは遊牧民の生活から生まれた、とても歴史の古い織物です。中央アジアから西アジア、北アフリカにかけて、乾燥地帯や草原地帯で羊とともに生活をしてきた遊牧民。キリムは生活の必需品として、女性たちが家事や育児の合間に祈りや願いを込めて織った家財道具です。生まれたときから家族が織ったキリムに囲まれて育ち、女の子なら嫁入り道具のひとつとして、母から娘へと伝承されてきました。

　キリムを1枚織るための糸の準備には、大変な時間がかかります。羊やヤギを育て、毛を刈り、洗い、すいて、紡いで糸にし、草木で染めます。なかでも紡ぐのに時間がかかるため、いつでもどこでも歩きながら紡ぐのです。織り機は移動できる簡易的な水平機、もしくは枠機で織ります。道具はくしのみ。キリム織りは指をたくみに使って織るのです。

　モチーフや配色のパターンは、それぞれの部族や家系にシンボルとしての伝統がありますが、図案はなく、お手本は母や祖母が織ったものだけ。女性たちはモチーフに祈りや願いを込めて心の内を織りこみます。

　ひとりひとりの個性があらわれた「世界で一枚のキリム」。それがキリムの最大の魅力なのです。

キリムと私の出会い

　母の影響で小さなときから手仕事が好きだった私。織物に興味をもちはじめたころ、グァテマラ帰りの友人からシンプルな道具で織物ができるということを聞き、1995年マヤ民族の腰機を習得しにいきました。すっかり織りに魅了された私は、トルコを旅した友人に「女の子たちが織っていたよ」とキリムを見せてもらい、『KILIM ―The Complete Guide―』という一冊の洋書を見つけ、「これだ！」と1996年キリム織りを習うためにトルコへ旅立ったのです。

　地域によって手法は異なりますが、私の教えるキリム織りの基本は、トルコ滞在で、3人の子どもをもつ主婦ギュルスンと、若い織り子たちの働く工房から学んだ技術がもとになっています。日本で伝えるために、糸の太さやタテ糸の張り方などをアレンジしつつ、薄れゆく伝統を継承し、オリジナルに少しでも近づけることを目指しています。

　まずは、小さなキリムを気軽にはじめられるよう、道具は入手しやすいものにしています。小さいものを、時間をかけずに仕上げることで達成感につながるでしょう。何枚か織っていくうちにいつの間にか上達します。

　「完璧なのは神様だけ」という人間の不完全さを受容してくれる思想。オールドキリムはおおらかでまちがいもたくさんあります。まちがいは人間である証であって不完全さこそキリムの魅力なのです。どうぞ失敗を恐れずにのびのびと織りの時間を楽しんでください。

　キリムを通して、人生が豊かになりますように。

Koyun 由紀子

1996年、ウルギュップにて。現地で使われている織り機で、キリムを織っているところ。

Contents

2 キリムの世界へようこそ

6/40 **Stripe** ストライプ

6/50 **HAÇ** ハッチ／十字

7/51 **GÖZ/EL PARMAK TARAK**
ギョズ／目、タラック／手、指、くし

8/52 **EL, PARMAK, TARAK**
エル、パルマック、タラック／手、指、くし

9/53 **ÇENGEL** チェンゲル／フック

10/54 **BUKAĞI** ブカーゥ／足かせ

11/54-55 **KÜPE** キュペ／耳飾り

12/55 **ÇİÇEK** チチェッキ／花

12/56 **BEREKET** ベレケット／豊穣

13/56 **AŞK VE BİRLEŞİM**
アシュク ベ ビルレッシム／陰陽

13/57 **KUŞ** クシュ／鳥

14-15/57/58 **YILDIZ** ユルドゥズ／星

15/59 **MUSKA** ムスカ／お守り

16/59 **ELİBELİNDE** エリベリンデ／腰に手

16/60 **PITRAK** プトラック／オナモミ

17/60 **HAYAT AĞACI** ハヤットアージュ／生命の樹

18/61 **SAÇBAĞI** サチバーゥ／髪飾り

19/62 **KOÇBOYNUZU** コチボユヌズ／雄羊の角

20/63 **KURT AĞZI, KURT İZİ**
クルトアージュ、クルトイジ／狼の口、狼の足跡

21-22/74 **Combination**
ヨコボーダー 斜め織り／ヨコボーダー スリット織り

23/75 **Mug warmer** マグカップウォーマー

24-25/76-77 **Tapestry**
タペストリー

26/78-79 **Clutch bag**
クラッチバッグ

30/80 **Brooch** ブローチ

31/81 **Charm** チャーム

32/82 **Pin cushion** ピンクッション

33/83	**Sacosh**	サコッシュ
34/84	**Sachet**	サシェ
35/85	**Hair accessories**	ヘアアクセサリー
36/86	**Key case**	キーケース
37/87	**Pot mat**	ポットマット

38 **キリム織りの基礎知識**
38 　キリム織りとは？
38 　キリムの織りかた
39 　道具／材料
40 　はじめの1枚を織る
46 　階段状のラインを織る スリット織り
47 　斜めのラインを織る 斜め織り
48 　キリムをつくるときのQ&A

50 　図案の見方

64 **アレンジカタログ**
　　飾りひもでアレンジするときに
64 　1. 撚りひも
64 　2. 四つ組み
65 　3. タッセル

　　織りかたをアレンジするときに
67 　1. タテ縞
68 　2. 2色トリム
69 　3. 3色トリム

　　タテ糸を始末するときに
70 　1. 裏に隠す
70 　2. フリンジなし
71 　3. 三角フリンジ

　　縫い綴じるときに
72 　1. クレタンステッチ
73 　2. プレイトステッチ

88 **KILIM Gallery**
88 　著者作品
90 　オールドキリム

Stripe
ストライプ

基本の平織り（p.40）の練習に最適。最初にコースター（p.40）を織ってみましょう。配色はグラデーションにせず、できるだけ補色（反対色）に。互いの色を際立たせる配色がキリム流です。

How to make ≫ p.40

HAÇ
ハッチ／十字

邪視を四方に分散する形で生命を保護するモチーフです。邪視とは邪悪な人の目から送られる視線で、妬みや嫉妬を引き起こし、財産でだけでなく、無防備な人々を傷つける力があると考えられています。

How to make ≫ p.50

GÖZ
ギョズ／目
目は邪視よけのモチーフ。「邪悪な目」の起源は人間の目とされ、邪視による不幸や災いを避けるのにもっとも効果的なのは人間の目そのものだという信仰からきています。
How to make ≫ p.51

EL, PARMAK, TARAK
エル、パルマック、タラック／手、指、くし
キリムのタテボーダーの境界線として、よく使われているモチーフです。
How to make ≫ p.51

EL, PARMAK, TARAK
エル、パルマック、タラック/手、指、くし

手は想像力の象徴。キリムや絨毯を織るときに欠かせない道具のくしは、幸せな結婚生活や子宝への願いが込められています。また、内と外の境界をあらわし、大事な羊を襲う狼やさまざまな邪悪なものが入ってこないためのお守りでもあります。
How to make ≫ p.52

ÇENGEL
チェンゲル／フック

S字のフックは「カギをかけて邪悪なものを中に入れないように」という意味があり、魔除けのお守り。また、山と谷、海と波、風と水のように互いに必要とするものを結びつけます。結婚や女性の愛の象徴です。

How to make ≫ p.53

BUKAĜI
ブカーウ／足かせ

家畜をつなぐ足かせのモチーフ。友達、恋人、夫婦、家族のきずなをあらわしています。「つなぐ」ということから、好きな人とずっと一緒にいられますようにと祈りが込められた、指輪のようなもの。献身的な愛、永遠の愛の象徴です。

How to make ≫ p.54

KÜPE
キュペ／耳飾り

現地の結婚式の贈りもので欠かせないのが耳飾りで、幸せな結婚生活を願うモチーフ。自分からアプローチを許されない女性たちからの、密かな、そして熱い気持ちが込められています。

How to make ≫ p.54, 55

ÇİÇEK
チチェッキ／花

自然への賛美の象徴で、豊かな実りを願うモチーフ。永遠に続く幸福への願いが込められています。

How to make ≫ p.55

BEREKET
ベレケット／豊穣

くもが巣を作るように、キリムを織ることは創造的なことであり、豊穣へとつながっていくと考えられています。

How to make ≫ p.56

AŞK VE BİRLEŞİM
アシュク ベ ビルレッシム／陰陽

このモチーフは東アジアから伝わったもので、善と悪、美と醜、女と男、黒と白など反対の概念を象徴します。男女のつながりや調和をあらわした、もっとも現代的なモチーフ。

How to make ≫ p.56

KUŞ
クシュ／鳥

人の精神は死後、鳥のように空に飛んでいくと信じられていたことから、鳥は魂の象徴とされています。そのため、このモチーフには喜びや愛という意味も含まれます。

How to make ≫ p.57

YILDIZ
ユルドゥズ／星

遊牧民にとって、星は方角や天気を知るための大切な存在。また、満天の星空を見ることも、生活の楽しみのひとつだったのでしょう。彼らの希望や幸福への願いが込められたモチーフです。

How to make ≫ p.57, 58

MUSKA
ムスカ／お守り

ムスカとは、邪視を払う祈りが書かれた紙を入れた三角形のお守り。ネックレスにしたり、衣服の内側に縫いつけたりして身につけるそうです。キリムにも小さな三角形を織り込んでお守りに。
How to make ≫ p.59

YILDIZ
ユルドゥズ／星

幸福を象徴する星には、6角、8角、12角とさまざまな形があります。
How to make ≫ p.58

PITRAK
ブトラック／オナモミ

「ひっつき虫」で知られるオナモミの実がモチーフ。アナトリアでは、オナモミのとげが邪視から身を守ってくれると信じられていることから、幸福のお守りとされています。

How to make ≫ p.60

ELiBELiNDE
エリベリンデ／腰に手

女性が腰に手をあてている姿をあらわしたモチーフ。大地の恵みや雄大さを象徴する女神「地母神」を起源にもつといわれています。豊かな暮らしを願うもので、地域によってバリエーションがあります。

How to make ≫ p.59

HAYAT AĞACI
ハヤットアージュ／生命の樹

天に向かって枝葉を広げ、成長する樹木の生命力をあらわしたもの。シャーマニズムに由来しており、永遠の命、不老不死のシンボルとされています。

How to make ≫ p.60

SAÇBAĞI
サチバーウ／髪飾り

花嫁衣装に使う髪飾りがモチーフ。幸せな結婚を望む乙女心がつまっています。女性にとって結い方や髪飾りといったヘアスタイルは、すべてを言葉で表現できない社会において、大切な自己表現のひとつとされています。

How to make >>> p.61

KOÇBOYNUZU
コチボユヌズ／雄羊の角

遊牧民にとって、羊は一番大切な財産。そして雄羊のらせん状の角は、男性的な強さと、豊かな暮らしのシンボルとされています。古くから受け継がれ、数えきれないほどのパターンがあります。

How to make ≫ p.62

KURT AĞZI, KURT İZİ
クルトアージュ、クルトイジ／狼の口、狼の足跡

狼は森の神の仲間として古くから愛されてきた神聖な存在です。反対に、家畜とともに生活する遊牧民にとって、家畜を狙う狼は一番の脅威でもあります。その狼をモチーフに取り入れることで、家畜を狼から守ることができるとされています。

How to make ≫ p.63

Combination
ヨコボーダー 斜め織り

モチーフ：
KANAVAL AYAĞI
カナバル アヤーウ／モンスターの足跡
KURT İZİ　クルトイジ／狼の足跡
BUKAĞI　ブカーウ／足かせ
KÜPE　キュペ／耳飾り
SU YOLU　スヨル／流れる水

KANAVAL AYAĞI

KURT İZİ

BUKAĞI

KÜPE

SU YOLU

キリムにはこのようなパターンがたくさんあります。この作品は、「流れる水」（p.23）を基本形とした斜め織りのモチーフを組み合わせています。モチーフに注目したり、逆さまからも見てみてください。幾何学模様の魅力がいっぱいつまっています。
How to make ≫ p.74

Combination
ヨコボーダー スリット織り

モチーフ：
GÖZ ギョズ／目
SU YOLU スヨル／流れる水
EL, PARMAK, TARAK
エル、パルマック、タラック／手、指、くし
HAÇ ハッチ／十字

GÖZ

SU YOLU

EL, PARMAK, TARAK

HAÇ

同じ形でも配色をかえると異なるモチーフになったり、少しのアレンジで多様なバリエーションになるのがキリムの魅力。ひとつひとつのモチーフが主役になれるように、配色をグラデーションにはせず、同化させないようにするのがポイントです。

How to make ≫ p.74

Mug warmer

マグカップウォーマー

水は人間が生きていくうえで欠かせない生命の源。流れる水のモチーフは、いつまでも続く命、つまり永遠の命をあらわしています。カップの大きさに合わせて長さを調節しましょう。

How to make ≫ p.75

モチーフ：
SU YOLU スヨル／流れる水

Tapestry
タペストリー

モチーフ：SAÇBAĞI　サチバーゥ／髪飾り

遊牧民の生活で、敷物や袋物などの家財道具としてはもちろん、タペストリーのような装飾品でもあったキリム。小さめのタペストリーなら気軽に使えます。

How to make ≫ p.76

希望や願いを込めた星をタペストリーに。タテ
糸の始末方法により、フリンジにもいろいろな
パターンをつくることができます (p.70)。
How to make ≫ p.77

Tapestry
~タペストリー~

モチーフ・
YILDIZ ユルドゥス／星

Clutch bag
クラッチバッグ

モチーフ：
ÇENGEL　チェンゲル／フック

Back

伝統的なキリムを、厚手のフェルトとあわせて現代風の作品にアレンジ。遊牧民の袋物にはたくさんの技法がつまっています。2色トリム（p.68）、四つ組み（p.64）、タッセル（p.65）にチャレンジしてみて。

How to make ≫ p.78

Clutch bag
クラッチバッグ

モチーフ：
KÜPE　キュペ／耳飾り

Back

長めのフリンジがゆらゆらと揺れる、女性らしいバッグ。思わずほほえんでしまうアイテムをしのばせて、お出かけしましょう。こちらはこげ茶の厚手のフェルトをあわせています。

How to make ≫ p.79

Brooch
ブローチ

モチーフ：
EL, PARMAK, TARAK
エル、パルマック、タラック／手、指、くし

遊牧民の赤ちゃんのおんぶひもをブローチに。祈りを込めた手織りの布で赤ちゃんを守り育てる、豊かな暮らしを感じて。本来はタテ地合（p.38）の織物でつくりますが、キリム織りでアレンジしています。

How to make ≫ p.80

Charm
チャーム

モチーフ：
GÖZ ギョズ／目

こちらは、遊牧民が岩塩を持ち歩くために使った「塩袋」をチャームに。口のところは、ラクダに勝手に塩を食べられないように細くなっているのだとか。

How to make ≫ p.81

31

Pin cushion
ピンクッション

モチーフ：
AŞK VE BİRLEŞİM
アシュク ビルレッシム／陰陽

Back

針仕事には欠かせないピンクッション。遊牧民の袋物はほとんどが、1枚のキリムからつくられています。ストライプなど表面と違ったシンプルなデザインの袋の裏面が、とても魅力的。中身には残糸をつめ込んでいます。

How to make ≫ p.82

Sacosh
サコッシュ

モチーフ：
EL, PARMAK, TARAK
エル、パルマック、タラック/手、指、くし

Back

こちらもピンクッション同様に、裏面をストライプに。少ない荷物でお出かけしたいときにぴったりの、小さめサイズながら、しっかりとしたつくりです。
How to make ≫ p.83

Sachet
サシェ

モチーフ：
左 AŞK VE BİRLEŞİM　アシュク ベ ビルレッシム／陰陽
右 ÇİÇEK　チチェッキ／花

香り袋、匂い袋ともいわれるサシェ。乾燥させたハーブなどを包んで。引きだしやクローゼットに入れて、好きな香りを楽しんで。
How to make ≫ p.84

Hair accessories
ヘアアクセサリー

縁結びや厄除けのお守りのようにヘアアクセサリーを身につけたら、なんだかそれだけで守られている気分。
How to make ≫ p.85

モチーフ：
右 **EL, PARMAK, TARAK**
エル、パルマック、タラック／手、指、くし
左 **SAÇBAĞI** サチバーウ／髪飾り

Key case
キーケース

モチーフ：
左 ÇENGEL　チェンゲル／フック
右 BUKAĞI　ブカーウ／足かせ

今にも軽快に歩き出しそうなキーケース。バッグの中でも
探しやすいように、小さいながら存在感のあるデザインに。
How to make ≫ p.86

Pot mat
ポットマット

モチーフ：
BEREKET ベレケット／豊穣
EL, PARMAK, TARAK
エル、パルマック、タラック／手、指、くし

ティータイムが充実した時間となりますようにとの思いを込めて、豊穣の文様を主役に。鍋敷きやポットマットにも最適です。小さなタペストリーとして、インテリアのアクセントにしてもよいでしょう。
How to make ≫ p.87

キリム織りの基礎知識

キリム織りとは？

タテ糸とヨコ糸が一本ずつ交互に直角交差した組織を平織りといい、キリム織りも平織りの一種です。平織りには、ヨコ地合、タテ地合、平（タテヨコ）地合の3種類があります。糸の密度によって異なり、キリムはヨコ糸の密度が高い「ヨコ地合の平織り」です。このヨコ地合の織物を日本では綴織、欧米ではタピスリーと呼びます。

平（タテヨコ）地合

平方間でタテ糸とヨコ糸の数がほぼ同数のもの。タテ糸もヨコ糸も同じ分量見え、比較的やわらかい布となります。

ヨコ地合

ヨコ糸の本数がタテ糸の本数より密なもの。ヨコ糸でタテ糸を包み込むように織るため、タテ糸は見えなくなります。

タテ地合

タテ糸の本数がヨコ糸の本数より密なもの。ひもなどタテ方向の強度を求めるものに多いです。

キリムの織りかた

タテ糸1本おきにヨコ糸を通して織ります。「左から右へ糸を通す」「右から左へ糸を通す」のふたつの動作を繰り返すだけです。

左から右へ糸を通す

下糸数本を上糸より上に引き上げ、できた間（間口（かいこう））にヨコ糸を通す。右端まで繰り返す。

右から左へ糸を通す

上糸と下糸の間に左手を入れ、一気にヨコ糸を通す。

※右利きの場合。左利きの場合は左右逆の動きになります。

道具／材料

木枠
本来は大きな枠機で織りますが（p.3）、本書ではF8サイズのキャンバス用木枠を使用しています。

手芸用ハサミ
つなぎ目の糸端や、タテ糸を切るときに使います。

綴じ針
タテ糸を織り目に隠すときや、接ぎ合わせるときに使います。編み物用の綴じ針など、針先の丸いもので、ヨコ糸が針穴に通る大きさのものを選んで。

くし
ヨコ糸打ち込む道具。本書ではダルマ「絵織亜」のくしを使用しています。フォークなどでも代用できます。

糸

敷物としての耐久性が必要なため、編み物用のやわらかい糸は適していません。キリム用の少し粗めの羊毛糸はほとんど流通していないため、本書では作品制作用に特注の糸を使用しています。現地の糸の3倍くらいの太さなので、初心者でも織りやすく、また大きな作品づくりにもぴったり。一般的に手に入りやすいDMCのタペストリーウールも紹介しています。細めで小物づくりによいでしょう。

オリジナル糸の購入は
全38色の太めのキリム織り専用の糸です。タテ糸（白）もあります。WEBで購入可能です。
https://kilimkoyun.thebase.in

DMCのタペストリーウールの購入は
手芸店やWEBでも購入可能。
※オリジナル糸より細いので、完成品も小さくなります（p.48）。
株式会社越前屋
https://www.echizen-ya.net/

本書で使用する糸の種類

koyunオリジナル糸		DMCタペストリーウール
○	タテ糸	7491
○ 0	生成	ECRU
● 1	薄ベージュ	7491
● 2	ベージュ	7724
● 3	桃	7760
● 4	薔薇	7758
● 5	赤茶	7008
● 6	紅	7544
● 7	朱	7127
● 8	柿	7446
● 9	蜜柑	7444
● 10	橙	7505
● 11	薄橙	7506
● 12	山吹	7056
● 13	菜の花	7055
● 14	薄黄	7353
● 15	黄	7473
● 16	オリーブ	7676
● 17	薄緑	7404
● 18	草緑	7364
● 19	緑	7386
● 20	常盤	7541
● 21	深緑	7389
● 22	水色	7304
● 23	青緑	7861
● 24	藍緑	7650
● 25	藍	7318
● 26	緑青	7926
● 27	青	7307
● 28	濃藍	7336
● 29	濃紺	7299
● 30	薄紫	7266
● 31	紫	7375
● 32	茶紫	7801
● 33	茶	7525
● 34	こげ茶	7469
● 35	黒	NOIR
● 36	グレー	7285
● 37	藤鼠	7594

39

はじめの1枚を織る
Stripe／ストライプ コースター
≫ p.6

はじめての一枚は、基本の織りかたを練習するために、ヨコ縞のコースターを織ります。指の使い方や、糸のつなぎ方を習得しましょう。オリジナル糸の場合はタテ糸20本で織ります。DMCの糸の場合はサイズが小さくなる（p.48）のでタテ糸34本で織ります。好きな色で織ってもよいでしょう。

使用色
0 生成、4 薔薇、8 柿、17 薄緑、14 薄黄、29 濃紺、32 茶紫
※すべてオリジナル糸を使用。

ヨコ糸を準備する

ヨコ糸は、タテ糸の間に通しやすいように、指を使って小さな糸玉にします。ボビンや網針などの道具を使いません。

1 糸の端を、親指と人差し指でつまむ。8の字を描くように、糸を人差し指と小指に回しかける。3〜4回繰り返したら、真ん中をつまみ、人差し指と小指を抜く。

2 中心部分に、糸を後ろから回して巻く。
POINT 後ろから前に巻くことで、糸の撚りが強まる。

3 30回程度巻いたら、両手の人差し指に糸を絡ませ、左右にひっぱって切る。
POINT ヨコ糸は手でちぎったほうが、織るときに糸を足した部分が一体化してきれい。ハサミを使ってもOK。

タテ糸を張る

タテ糸は撚りの強い「強撚糸（きょうねんし）」を使います。最後までピンと張ったタテ糸で織ると、きれいな仕上がりに。とくに両端の1本は、まっすぐに織るために張ったときの強度が重要。ゆるんだらすぐに結び直すことができるように、「片蝶結び」がおすすめ。

※おもに白いタテ糸を使いますが、見やすいようにp.44まで色を変えています。

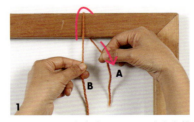 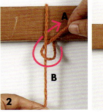

1 Aを15〜20cm程度残して、タテ糸を上部にかける。
POINT コースターなど丈が短いもの（15cm程度まで）は、木枠を横にする。

2 AをBに絡めてひと結びする。

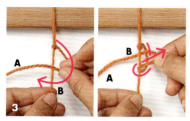

3 AをBの上にのせて輪を作り、Bの後ろからAを輪にくぐらせる。

4 3で通した部分と、Bをひっぱってしめる。結び目を移動させて、木枠の表側の角にあてる。
POINT 木枠の表側の角に結び目を固定することで、Bが上糸になる。

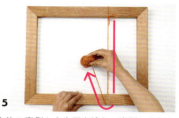

5 木枠の裏側から糸玉を渡し、表側に糸をかける。

6 上部も、裏側から糸玉を渡し、表側に糸をかける。

7 5、6を繰り返す。中心が交差して8の字になり、上糸と下糸ができる。

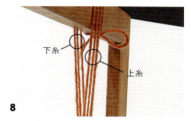

8 必要な本数分、繰り返しかけていく。
POINT 今回は上糸10本、下糸10本の計20本にしたいので、10回繰り返す。DMCの糸は17回。

9 10回繰り返したところ。
POINT 今から糸をひきしめるので、ゆるみや間隔はまだ気にしなくてよい。

10 平らな場所で木枠を垂直に立て、下部の糸を固定する。右の上糸1本目をひっぱったら、1本目の上部を手でおさえる。そのまま、上糸2本目をひっぱる。

11 2本目の上部をおさえ、3本目をひっぱる。これを10本目まで行う。2〜3回繰り返し、糸をピンと張る。
POINT 右側から糸のゆるみをとるので、ひっぱる糸の右隣の上糸をおさえる。

41

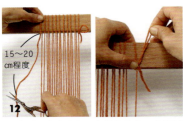

12 10本目の上糸をしっかりおさえ、糸端15〜20cm程度を残してカットする。木枠を横向きに裏返し、角で **2〜4** 同様に結ぶ。
POINT 左端はゆるみやすい。ひと結びの段階で、結び目を角にしっかりとあてておく。

13 木枠にかかる糸の間隔が1cm（DMCの糸は6mm）程度になるように調整する。
POINT 上糸と下糸の位置が5mm間隔になるように、木枠上部の糸を少しななめにする。

14 天地を返し、下部も **13** 同様に調整する。
POINT 今回は10回かけているので、幅が10cm程度になる。

POINT

タテ糸がゆるんできたら

織っていると、タテ糸がゆるんでくることがあります。そのまま織り進めるとゆがみの原因になるので、そのつど調整しましょう。

結び目がずれたりゆるむと、タテ糸自体もゆるむ原因に。もう一度はずして結びなおす。

ゆるんできたタテ糸の上部に割りばしなどを挟む。

「織り出し」を織る

織り出しは、タテ糸と同じ糸を使って数段織ります。ここで、タテ糸の間隔をていねいに整え、織り幅を決めていきます。織り終いも、織り幅が狭くならないように、同様にタテ糸と同じ糸で織ります。

※白いタテ糸を使いますが、見やすいようにp.44まで色を変えています。

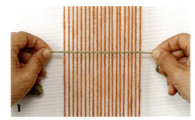

1 織り出しは2段半織る（1往復で1段と数える）。タテ糸と同じ糸で、糸の長さをはかる。まず織り幅＋3cm程度に糸をとる。これを5回繰り返す。
POINT 織り出しと織い終いは、タテ糸と同じ糸で織る。

2 **1**をさらに2倍の長さにして、カットする。2本どりの糸玉（p.40）にする。
POINT 織り出しと織り終いは、2本どりにするため。DMCの糸は1本取りでもOK。

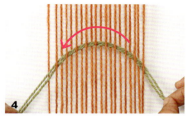
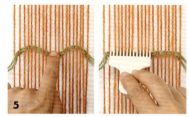

3 右から左にヨコ糸を通す。上糸と下糸の間すべてに左手を入れ、一気に糸玉を通す。
POINT 右から左へ糸を通す場合は、ヨコ糸を一気に通す。

4 左側をおろして山にする。

5 真ん中を下げてから、くしで整える。
POINT 山にして整えることで、タテ糸がきれいに隠れる。

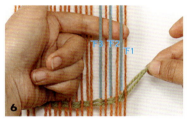

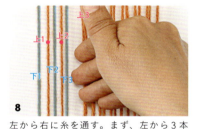

6 右から1番目、2番目、3番目の下糸をつまんで引き上げる。

7 下糸と上糸の間に右の糸端を通す。右端をおさえて、くしで整えて平らにする。
POINT 糸端を上側にして織ると、次に左から右に織る際、しっかり織り目に糸端が入る。

8 左から右に糸を通す。まず、左から3本目の上糸までを指でよける。
POINT 左から右へ糸を通す場合は、3本ずつ程度通していく。

9 左から3本目の下糸を引き上げる。同様に、2本目の上糸を下げて下糸を引き上げ、1本目の上糸を下げて下糸を引き上げる。

10 下糸3本を引き上げた状態になる。

11 9で引き上げた下糸と上糸の間に、左からヨコ糸を通す。

12
右手で引き上げた上部に左手を差し込み、糸玉を持った右手を引き抜く。
POINT 左手ですき間を作ることで、糸が磨耗せずスムーズに通る。

13
8〜12同様に、右隣の下糸6、5、4を引き上げ、ヨコ糸を通す。

14
さらに、8〜13同様に下糸10、9、8、7を引き上げ、その間にヨコ糸を通す。
POINT 今回はタテ糸20本の間に通していくので、3組・3組・4組と3回にわけて引き上げる。

15
左端のタテ糸にヨコ糸がぴったりと沿った状態で整え、端をしっかりおさえて、ななめ45度にヨコ糸をあげる。
POINT 整えておくと、端がきれいに仕上がる。

16
右側をおろして山にする。
POINT 織り幅よりもヨコ糸が長くなることで、タテ糸がしっかりと隠れる。

17
真ん中を下げて二山にしてから、くしで整える。これで1段（1往復）が織れた。

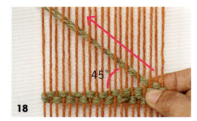

18
右から左にヨコ糸を通す。タテ糸の上部で上糸と下糸の間すべてに左手を入れ、一気に糸玉を通す。15同様に右端のタテ糸にヨコ糸がぴったりと沿った状態で整え、端をおさえて整え、ななめ45度にヨコ糸をあげる。

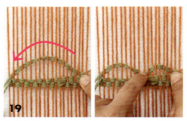

19
左側をおろして山にする。真ん中を下げて二山にしてから、くしで整える。

20
2段（2往復）半、織ったところ。
POINT 最後は3cm程度折り返して終わる。

本体を織る

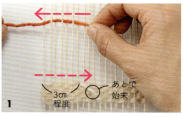

1 左側の上糸と下糸3本分の間にヨコ糸を通し、p.43 8〜p.44 19と同様にして織っていく。
POINT 織り出しの糸端は、あとでカットする。

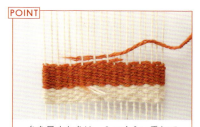

POINT 糸を足すときは、3cmくらい重ねてスタート。糸端はあまり出ないようにする。

2 p.43 8〜p.44 19同様に3cm程度織ったら木枠を立て、タテ糸にくしを入れる。両手で体重をかけて下に押し、織り目を詰める。
POINT 何度か押して、木枠の下部まで下げる。

3 表面に出ている糸端はひっぱって、根元で切る。
POINT 切った断面が見えないように注意。

「織り終い」を織る

1 <「織り出し」を織る>(p.42〜p.44)と同様にタテ糸で織る。
POINT 織り終いの糸端はP.43 7と同様に処理する。

タテ糸の始末

1 仕上げに、木枠を立て、タテ糸にくしを入れる。両手で体重をかけて下に押し、織り目を詰める。

2 木枠の天地を逆にして、反対側も押して織り目を詰める。

3 上下のタテ糸を切る。下部は木枠にかかっているところを切る。
POINT 余ったタテ糸で、タッセルをつくることができる(p.65)。

4 タテ糸の始末をする。タテ糸各2本ずつをひと結びにして、フリンジにする。織り目が詰まった状態を保つため、根元でかたく結ぶ。全て結べば完成。
POINT タテ糸の始末にはバリエーションがある(p.70〜)。

45

階段状のラインを織る
スリット織り

平織りのバリエーションで、階段状のモチーフを織るときに使います。モチーフの切り替え部分にすき間ができることからこの名称がついています。凸（山）の部分から織り、凹（谷）の部分を織ります。

※モチーフ：十字（完成写真p.6、図案p.50）
※図案の織り順は一例です。ほかの織り順番になっても間違いではありません。

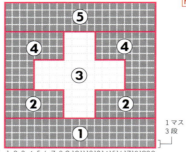

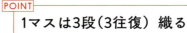

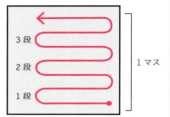

POINT 1マスは3段（3往復）織る

本書の図案では1マスで3段、つまり3往復織ります。2マスだと6段、3マスだと9段織ります。

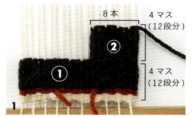

1 ①を織ったら、②の右部分をタテ糸8本、4マス（12段分）分織る。糸は切らずに休ませる。
POINT 同じ高さのエリアの凸部分から織る。左右同じ位置ならどちらから織ってもよい。

2 ②の左部分を織る。新しいヨコ糸を中心部分から左に通す。
POINT 中心から左に織りはじめることで糸端が安定し、仕上がりがきれいになる。

3 ②の左部分もタテ糸8本4マス（12段）分織る。糸は切らずに休ませる。

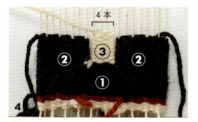

4 ③の十字部分を織る。タテ糸4本分を4マス（12段）分織る。

5 タテ糸12本を4マス（12段）、次に4本を4マス（12段）分織る。これで③の十字が完成。
POINT ③④のエリアで凸になるのは十字部分なので、十字から織る。

6 3の糸で④の左部分のタテ糸4本、4マス（12段）分を織る。
POINT 右部分から織ってもよい。段を数えるときは端ではなく、折り返しの輪の数で数える。

46

7 ❶の糸で❹の右部分のタテ糸8本、4マス（12段）織る。
POINT ❻から続けて❹の左部分をすべて織ってもよい。

8 ❹をすべて織る。

9 左側の糸は短いため、織り返して終わり、右側の糸で❺を4マス（12段）織る。タテ糸で織り終いを織り、タテ糸の始末をする（p.45）。

斜めのラインを織る
斜め織り

スリット織りのバリエーションで、斜めのラインを織るときに使います。タテ糸1本ずつ数段ごとに斜めになるように織っていきます。スリット織り同様に、図案内で同じエリアの凸になっているところから織りましょう。

※モチーフ：耳飾り（完成写真p.11、図案p.55）

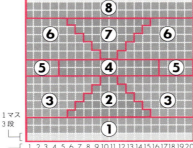

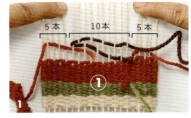

①を織ったら、②③の糸を配置する。
POINT ②の凸（山）を織る前に、隣り合う糸端を先に織り込んでおくと、その後の糸運びがスムーズになる。

2 ②③とも1マス（3段）分織る。糸は切らずに休ませる。
POINT ②を織り進めてもよいが、先に1マス分織ることで、数や配置を間違っていないか確認できる。

3 ②③部分を織る。
POINT 糸が足りなくなったら、次の糸をたす（p.45）。

4 図案の番号通りに織り進める（④⑤はスリット織り、⑥⑦は斜め織り）。タテ糸で織り終いを織り、タテ糸の始末をする（p.45）。

キリムをつくるときの Q&A

Q いろんな糸で織ってもいい？

A キリムの糸は少し粗めの羊毛糸になります。市販の編み物用の毛糸だと撚りが甘くやわらかいので、敷物としてあまり適していません。本書で紹介しているオリジナル糸は、教室用にメーカーに特注しているもので、現地の糸の3倍くらいの太さがあり、初心者でも織りやすく工夫している糸です。一般的に手に入りやすい糸として、DMCのタペストリーウールも紹介しています（p.39）。

Q 段数の数えかたがわかりません。

A 段を数えるときは、折り返した輪の部分を数えます。図のように途中ではじまって途中で終わっていても、輪が3つで3段です。

Q タテ糸を張っているときに、糸が足りなくなったら？

A 糸を結んでつなぐのはおすすめしません。木枠上部で片蝶結びで結び（p.41 **4**）、新たなタテ糸を片蝶結びして続けて張ります。

Q オリジナル糸とDMCの糸の仕上がりサイズは？

A DMCの糸のほうがオリジナル糸よりも細いため、仕上がりも小さくなります。コースター（p.40）をタテ糸20本で織った場合、オリジナルの糸だと幅が約10cmなのに対し、DMCの糸だと約6cmです。そのぶん織り目も細かくきれいになるので、小物をつくるときにおすすめ。

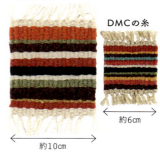

オリジナル糸　　DMCの糸

←約10cm→　　←約6cm→

DMCの糸で織るときは…

p.6～20のモチーフ（コースター）をDMCの糸で本書と同じサイズに織りたいときは、タテ糸を34本程度に増やします。無地の部分を増やして、モチーフをどこに配置するのかイメージしてから織りましょう。

Q よく出てくるボーダー部分（織り幅分）の色をかえるときに気をつけることは？

A 糸をかえるときは端3cm程度を折り返して終わり、次の糸を3cm程度折り返してはじめます。はじめと終わりが片方ばかりに偏ると左右の厚みがかわります。「左はじまり→右終わり」のあとは「右はじまり→左終わり」とバランスをとります。端が強化され、丈夫になります。

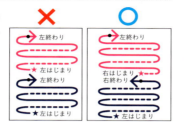

Q じょうぶな織物にするためには？

A 両端を2～3段に1回、一番端のタテにヨコ糸を巻きつけると、織り端が丈夫になります。左右どちらでも巻きつけましょう。

Q スリットをきれいに織るコツはありますか？

A ヨコ糸をタテ糸にゆるみなく沿うように折り返します。タテ糸を引っ張るほど強く織らないようにし、できるだけ折り返した部分がきれいに並ぶようにしましょう。

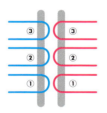

Q モチーフや色をかえるとき、ヨコ糸はどのように織りはじめたらいい？

A おすすめの方法は、色の切りかえ部分で逆方向から織りはじめることです。糸端が安定して仕上がりがきれいになります。モチーフの織りおわりも同様に逆にするときれいです。

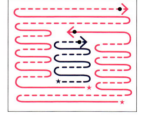

ヨコ糸はできるだけ切らずに織り続けます。そのため、糸の切りかえ部分でヨコ糸2本が二重になることがありますが、かまいません。

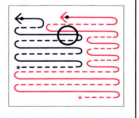

Q 「織り出し」と「織り終い」を織るときのコツは？

A 織り出しと織り終いは、基本的にタテ糸と同じ糸を使って織ります（p.42）。とくに織り出しの1段目はタテ糸の間隔がバラバラになりがちです。2段半織ることで線が面になり安定するので、タテ糸の間隔が均等になるように整えます。織り終いは、織り幅が狭くならないように意識してゆるめて織りましょう。

49

図案の見方

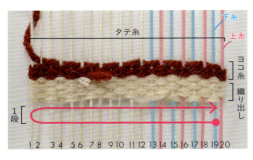

タテ糸は、上糸と下糸が交互に並んでいます。ヨコ糸は、タテ糸の間に右から左、左から右に通します。1往復で1段です。

ヨコ糸の段数は1マス3段（3往復）。2マスの場合は6段、3マスの場合は9段です。

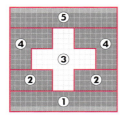

最初に①を織り、続けて②を片側ずつ織ります。
基本、図案の凸（山）部分を織ってから、凹（谷）部分を埋めるように織るイメージで、②を織ってから、③の十字模様の横長の部分を織ります。

織る順番は一例です。絶対的な順番ではありません。

織り方の詳細はp.46-47

十字

>>> p.06　難易度 ■

	オリジナル		DMC
○		タテ糸	7491
○	0	生成	ECRU
●	5	赤茶	7008
●	29	濃紺	7299

※作品はオリジナル糸使用。

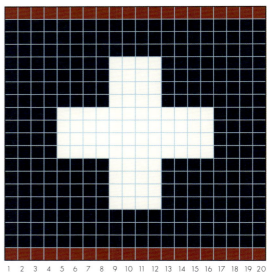

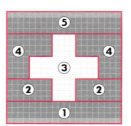

織りかた
スリット織り（p.46）

目

>>> p.07　難易度 ■■□□

オリジナル		DMC
○	タテ糸	7491
○ 0	生成	ECRU
● 4	薔薇	7758
● 8	柿	7446
● 25	藍	7318
● 34	こげ茶	7469

※作品はオリジナル糸使用。

手、指、くし1

>>> p.07　難易度 ■□□□

オリジナル		DMC
○	タテ糸	7491
● 6	紅	7544
● 8	柿	7446
● 28	濃藍	7336
● 32	茶紫	7801

※作品はオリジナル糸使用。

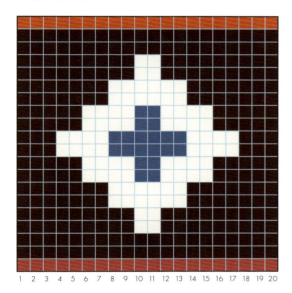

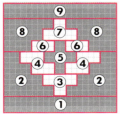

織りかた
スリット織り（p.46）

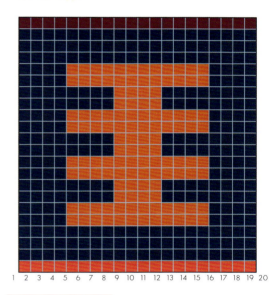

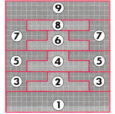

織りかた
スリット織り（p.46）

51

手、指、くし2

>>> p.08 難易度 ■■□□□

	オリジナル	DMC
○	タテ糸	7491
○ 0	生成	ECRU
● 7	朱	7127
● 29	濃紺	7299

※作品はオリジナル糸使用。

手、指、くし3

>>> p.08 難易度 ■■■□□

	オリジナル	DMC
○	タテ糸	7491
● 6	紅	7544
● 8	柿	7446
● 23	青緑	7861
● 24	藍緑	7650

※作品はオリジナル糸使用。

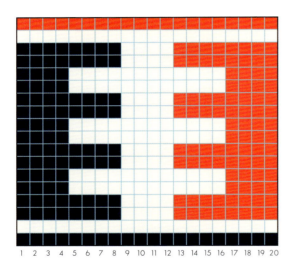

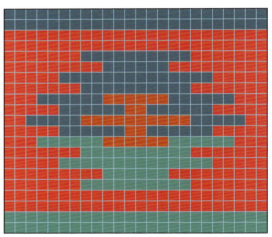

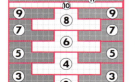

織りかた
スリット織り (p.46)

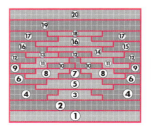

織りかた
スリット織り (p.46)

フック1

>>> p.09 難易度 ■■

オリジナル		DMC
○	タテ糸	7491
● 7	朱	7127
● 8	柿	7446
● 20	常盤	7541
● 24	藍緑	7650
● 28	濃藍	7336
● 32	茶紫	7801

※作品はオリジナル糸使用。

フック2

>>> p.09 難易度 ■■

オリジナル		DMC
○	タテ糸	7491
● 5	赤茶	7008
● 9	蜜柑	7444
● 20	常盤	7541
● 22	水色	7304
● 32	茶紫	7801

※作品はオリジナル糸使用。

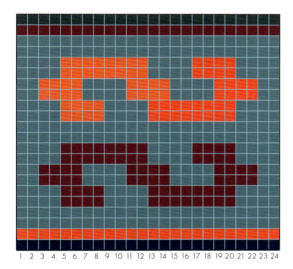

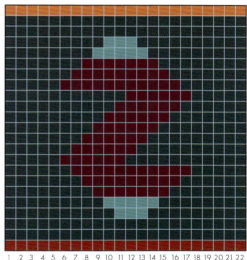

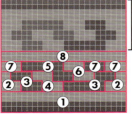

①〜⑧の
くり返し

織りかた
スリット織り（p.46）

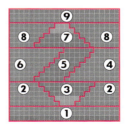

織りかた
斜め織り（p.47）

53

足かせ

>>> p.10　難易度 ■■□□□

	オリジナル	DMC
○	タテ糸	7491
○0	生成	ECRU
● 7	朱	7127
● 15	黄色	7473
● 34	こげ茶	7469

※作品はオリジナル糸使用。

耳飾り1

>>> p.11　難易度 ■■■□□

	オリジナル	DMC
○	タテ糸	7491
○1	薄ベージュ	7491
● 4	薔薇	7758
● 32	茶紫	7801

※作品はオリジナル糸使用。

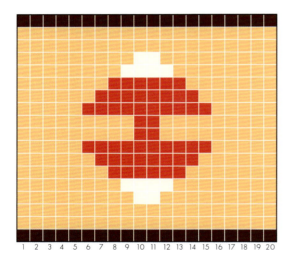

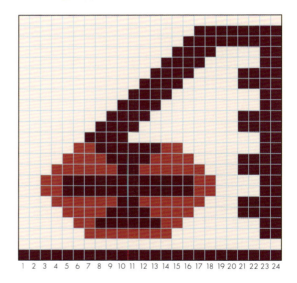

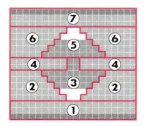

織りかた
スリット織り (p.46)
斜め織り (p.47)

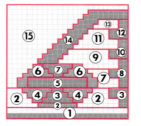

織りかた
スリット織り (p.46)
斜め織り (p.47)

54

耳飾り2

>>> p.11　難易度 ■

	オリジナル	DMC
○	タテ糸	7491
●	4　薔薇	7758
●	5　赤茶	7008
●	10　橙	7505
●	17　薄緑	7404
●	32　茶紫	7801

※作品はオリジナル糸使用。

花

>>> p.12　難易度 ■■■

	オリジナル	DMC
○	タテ糸	7491
○	1　薄ベージュ	7491
●	4　薔薇	7758
●	17　薄緑	7404

※作品はオリジナル糸使用。

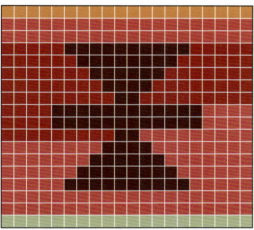

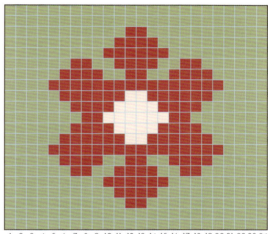

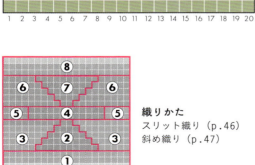

織りかた
スリット織り（p.46）
斜め織り（p.47）

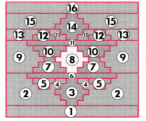

織りかた
斜め織り（p.47）

豊穣

>>> p.12　難易度 ■■■

オリジナル		DMC
○	タテ糸	7491
○ 1	薄ベージュ	7491
● 3	桃	7760
● 17	薄緑	7404
● 33	茶	7525

※作品はオリジナル糸使用。

陰陽

>>> p.13　難易度 ■■

オリジナル		DMC
○	タテ糸	7491
● 6	紅	7544
● 9	蜜柑	7444
● 12	山吹	7056
● 19	緑	7386
● 24	藍緑	7650
● 33	茶	7525

※作品はオリジナル糸使用。

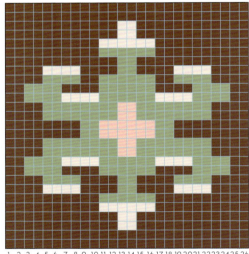

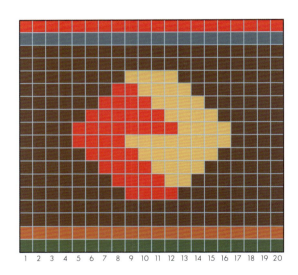

織りかた
スリット織り（p.46）

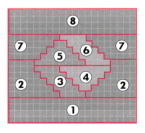

織りかた
斜め織り（p.47）

56

鳥

>>> p.13　難易度 ■■■

	オリジナル		DMC
○	タテ糸		7491
●	8	柿	7446
●	9	蜜柑	7444
●	15	黄	7473
●	24	藍緑	7650
●	31	紫	7375
●	32	茶紫	7801

※作品はオリジナル糸使用。

星 1

>>> p.14　難易度 ■■

	オリジナル		DMC
○	タテ糸		7491
●	6	紅	7544
●	10	橙	7505
●	25	藍	7318
●	28	濃藍	7336

※作品はオリジナル糸使用。

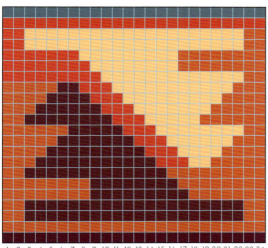

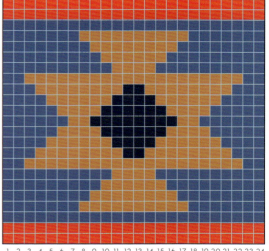

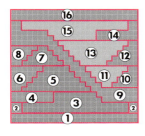

織りかた
斜め織り（p.47）
スリット織り（p.46）

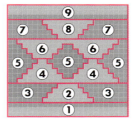

織りかた
斜め織り（p.47）

57

星2

>>> p.14　難易度 ■■

	オリジナル	DMC
○	タテ糸	7491
●	7　朱	7127
●	8　柿	7446
●	20　常盤	7541
●	24　藍緑	7650
●	31　紫	7375

※作品はオリジナル糸使用。

星3

>>> p.15　難易度 ■■

	オリジナル	DMC
○	タテ糸	7491
●	4　薔薇	7758
●	9　蜜柑	7444
●	23　青緑	7861
●	30　薄紫	7266
●	33　茶	7525

※作品はオリジナル糸使用。

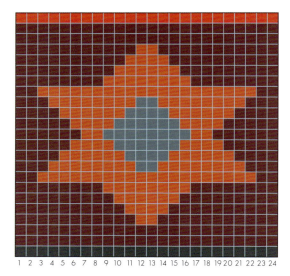

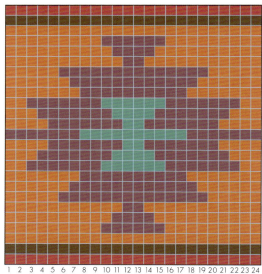

織りかた
斜め織り（p.47）

58

お守り

>>> p.15　難易度 ■■■

	オリジナル	DMC
○	タテ糸	7491
●	4 薔薇	7758
●	9 蜜柑	7444
●	17 薄緑	7404
●	32 茶紫	7801
●	37 藤鼠	7594

※作品はオリジナル糸使用。

腰に手

>>> p.16　難易度 ■■■■

	オリジナル	DMC
○	タテ糸	7491
○	1 薄ベージュ	7491
●	6 紅	7544
●	27 青	7307
●	34 こげ茶	7469

※作品はオリジナル糸使用。

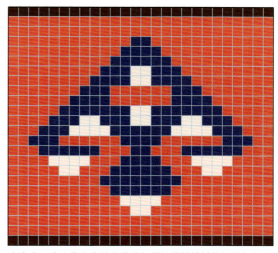

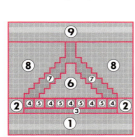

織りかた
斜め織り（p.47）
スリット織り（p.46）

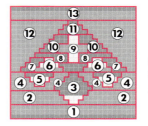

織りかた
斜め織り（p.47）
スリット織り（p.46）

59

オナモミ

>>> p.16 難易度 ■■

オリジナル		DMC
○	タテ糸	7491
●	6 紅	7544
●	8 柿	7446
●	9 蜜柑	7444
●	17 薄緑	7404
●	34 こげ茶	7469

※作品はオリジナル糸使用。

生命の樹

>>> p.17 難易度 ■■■■

オリジナル		DMC
○	タテ糸	7491
○	1 薄ベージュ	7491
●	7 朱	7127
●	9 蜜柑	7444
●	15 黄	7473
●	30 薄紫	7266

※作品はオリジナル糸使用。

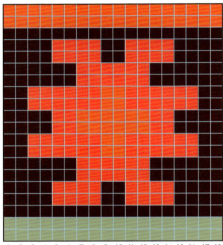

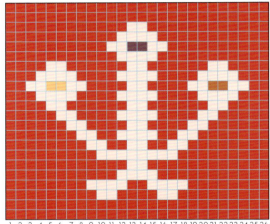

織りかた
スリット織り（p.46）

織りかた
斜め織り（p.47）

60

髪飾り1

>>> p.18 難易度 ■■■

	オリジナル	DMC
○	タテ糸	7491
○	1　薄ベージュ	7491
●	30　薄紫	7266

※作品はオリジナル糸使用。

髪飾り2

>>> p.18 難易度 ■■■■

	オリジナル	DMC
○	タテ糸	7491
○	1　薄ベージュ	7491
●	4　薔薇	7758
●	7　朱	7217
●	17　薄緑	7404
●	30　薄紫	7266

※作品はオリジナル糸使用。

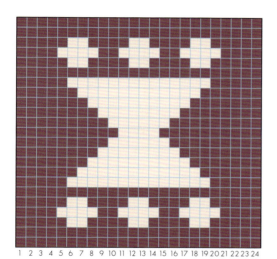

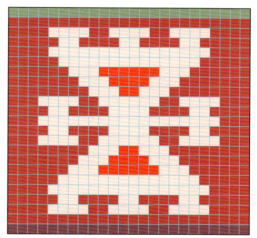

織りかた
斜め織り（p.47）

織りかた
斜め織り（p.47）

61

雄羊の角 1

>>> p.19　難易度 ■■■

オリジナル		DMC
○	タテ糸	7491
○ 0	生成	ECRU
● 4	薔薇	7758
● 5	赤茶	7008
● 27	青	7307
● 32	茶紫	7801

※作品はオリジナル糸使用。

雄羊の角 2

>>> p.19　難易度 ■■

オリジナル		DMC
○	タテ糸	7491
○ 0	生成	ECRU
● 4	赤茶	7008
● 29	濃紺	7299

※作品はオリジナル糸使用。

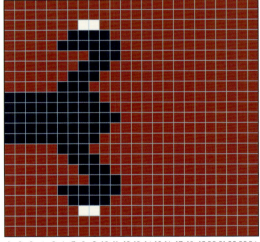

織りかた
斜め織り（p.47）

織りかた
斜め織り（p.47）

狼の口

>>> p.20　難易度 ■■

オリジナル		DMC
○	タテ糸	7491
○ 0	生成	ECRU
● 3	桃	7760
● 29	濃紺	7299

※作品はオリジナル糸使用。

狼の足跡

>>> p.20 難易度 ■■■■

オリジナル		DMC
○	タテ糸	7491
○ 0	生成	ECRU
● 4	薔薇	7758
● 20	常盤	7541
● 27	青	7307
● 32	茶紫	7801

※作品はオリジナル糸使用。

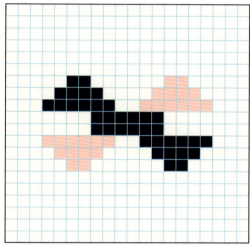

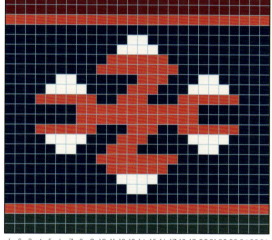

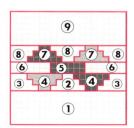

織りかた
斜め織り（p.47）

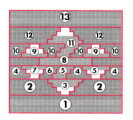

織りかた
斜め織り（p.47）

63

アレンジカタログ

キリムの表情を豊かにする、さまざまなアレンジを紹介します。

飾りひもでアレンジするときに
1. 撚りひも

2本の糸で撚りひもをつくります。それぞれ、糸の撚りの方向に回転させた後、2本まとめて反対にねじります。

使用した作品：マグカップウォーマー（p.23）、タペストリー（p.24、25）、ブローチ（p.30）、チャーム（p.31）、キーケース（p.36）

1
2本の糸を用意する。1本目を右方向にねじる。
POINT 糸の端までねじる。

2
2本目も右方向にねじる。
POINT 1本目はねじれがとれないようにテープなどでとめておくとよい。

3
1、2を合わせてまっすぐピンと持つ。

4
一緒に左方向に数回ねじる。

5
糸端をまとめて結ぶ。

2. 四つ組み

対角線上の同じ色の糸同士を入れ替えて、交差します。三つ編みよりも複雑に見えますが、覚えると簡単です。

使用した作品：ピンクッション（p.32）、クラッチバッグ（p.28）

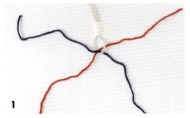

1
赤が下、青が上になるように、2本の糸を対角線上におく。
POINT 糸の中央部分に支点の糸をかけるか、支柱となるものにかける。重しなどで固定してもよい。

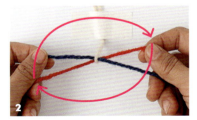

2
赤の左右を入れかえる。中央の組み目が、右側が下で左側が上になるよう交差させ、左右にひっぱり、組み目をひき締める。

64

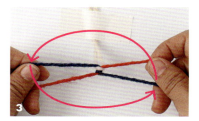

3
青を、中央の組み目が右側が上、左側が下になるよう、左右を入れかえる。左右にひっぱり、組み目をひき締める。

4
2、3を繰り返す。
POINT 糸を入れかえても、指のもちかたは同じ。

5
最後まで組んだら糸端を結ぶ。

3. タッセル

木枠からキリムを切り離したときに出たタテ糸の残糸で、タッセルをつくりましょう。もちろん、ほかの糸でつくることもできます。糸をまとめて、巻きつけるようにしてとめる技法を「まとめ結び」といいます。

使用した作品：タペストリー（p.24、25）、クラッチバッグ（p.26、28）、チャーム（p.31）、サコッシュ（p.33）サシェ（p.34）、キーケース（p.36）

※タテ糸は白を使いますが、見やすいように工程内の糸の色をかえています。

1
タテ糸20本でキリムを織り、木枠からはずすと、同じ長さのものが9本できる。両端のタテ糸2本は長いので、半分に切って4本にする。
POINT 糸の本数に決まりはないので、ほかの糸でつくる場合は、糸の本数を調整して。

2
同じ長さの糸3本をまとめて上部を結び、三つ編みにし、5cm程度残しておく。

3
9本の糸を、ふたつ折りにする。真ん中を三つ編みの端2本と1本ではさむ。
POINT 小物につけるときは、撚りひも（p.64）やトリム（p.68-69）の先端5cm程度を2等分して結ぶ。

4
2回しっかりと結ぶ。

5
二つ折りした房部分の根元で、残していた1本の糸端をU字にしてしっかりともつ。

65

6 重ならないように並べて巻きつけていく。
POINT 輪の部分は巻かずに残しておく。

7 好みの幅に巻いたら、U字の輪に糸端を通す。

8 両端を左右にひっぱり、**7**できた結び目が巻きつけた中央部分に隠れるよう調整する。

9 糸端を切る。これをまとめ結びという。

10 上部のゆるみをひっぱってとり整える。

11 先端の輪を切る。

12 長さをそろえる。

13 全体を整える。

織りかたをアレンジするときに
1. タテ縞

2色のヨコ糸を交互に織ると、タテ縞の配色になります。両端は始末が難しいので、今回は両端を飾りひもにします。

使用した作品：クラッチバッグ（p.26）、チャーム（p.31）、ピンクッション（p.32）、サコッシュ（p.33）、キーケース（p.36）

1
3cmほど折り返して、茶を1段織る。

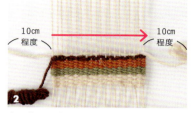

2
白を左から右に織る。両端は10cmほど残してカットする。

3
新たに茶の糸を用意し、右端10cm程度残して、右から左に織る。左も10cmほど残してカットする。

4
白を左端10cm程度残して、右から左に織る。右も10cmほど残してカットする。

5
茶を右端10cm程度残して、右から左に織る。

6
5の左端は折り返して1段織る。

7
茶を3cmほど折り返して織り終わる。

8
2色2本どりで撚りひも（p.64）にして、糸端を結ぶ。

2. 2色トリム

2色の糸をタテ糸2本ずつに織り込みます。ししゅうのように盛り上がったチェーン状の模様ができます。

使用した作品：クラッチバッグ（p.28）、ピンクッション（p.32）、サシェ（p.34）

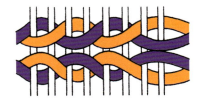

1

織り幅+左右10cmの長さの糸を2色2本ずつ用意する。1色目（紫）2本を挟むように、2色目（オレンジ）の糸を上下に1本ずつおく。紫2本は一番左のタテ糸に通す。

2

紫の右端をオレンジの上に回しながら、左にもってくる。

3

オレンジの右端を、タテ糸の左から2本目と3本目に通す。

4

オレンジの右端をそろえて左側にもってくる。紫をそれぞれ右側にもってくる。

5

紫の右端を、タテ糸の左から4本目と5本目に通す。

6

紫の右端をそろえて左側にもってくる。オレンジの右端をそれぞれ右側にもってくる。

7

通すタテ糸を右側にずらしながら、同様に紫とオレンジを交互に通していく。両端は四つ組み（p.50）にして糸端を結ぶ。

3. 3色トリム

3色のヨコ糸を、タテ糸に巻きつけて織り込み三つ編みのような模様になります。1色や2色のアレンジもできます。

使用した作品：ブローチ（p.30）

1
ヨコ糸を3色用意する。1色目の糸（赤）を一番左のタテ糸に通す。左端は10cmほど残す。

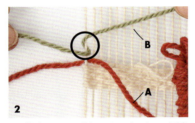

2
B（緑）を、一番左のタテ糸1本に1回巻きつける。糸端は10cmほど残す。
POINT BはAの上部に置く。

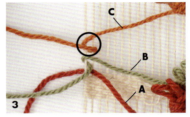

3
C（オレンジ）を左2本のタテ糸に1回巻きつける。左端は10cmほど残す。
POINT CはBの上部に置く。

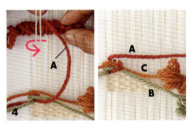

4
Aを左から2本目と3本目のタテ糸を引き上げ、右から左に通す。
POINT AはCの上部に置く。

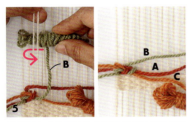

5
Bを左から3本目と4本目のタテ糸を引き上げ、右から左に通す。
POINT BはAの上部に置く。

6
Cを左から4本目と5本目のタテ糸を引き上げ、右から左に通す。
POINT CはBの上部に置く。

7
3色の糸を順番にタテ糸2本に巻きつけていく。端まで巻きつけたら、右端を10cmほど残して切る。両端は三つ編みにして結ぶ。

タテ糸を始末するときに
1. 裏に隠す

タテ糸を裏面に隠す方法。隣のタテ糸を結んで、上に向けてひっぱります。「ハーフヒッチエッジ」といいます。

使用した作品：ブローチ（p.30）、チャーム（p.31）

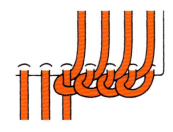

裏面にする。右から2本目の糸をピンと持ち、右端の糸を2本目に絡め、輪の中から上向きに引き出す。

1と同様に、右から2本目の糸を3本目に絡めて、上向きにひっぱる。
POINT 3本目の糸は、下方向にピンとひっぱっておく。

ほかの糸も同様に進める。最後に残った左端の1本（写真では表に返しているので右）は織り目に針をさし、糸を通して針を引き抜く。

タテ糸をカットし、整える。

2. フリンジなし

フリンジのない仕上げや袋物を仕立てるときに使います。タテ糸2本をワンセットとし、左のタテ糸を右の目に、右のタテ糸を左の目に入れていきます。

使用した作品：マグカップウォーマー（p.23）、クラッチバッグ（p.26）、サコッシュ（p.33）、ヘアアクセサリー（p.35）

裏面にする。左から2本目の織り目に2cmほど針を入れ、針先を出す。一番左側のタテ糸を針穴に1cm程度通す。
POINT 織り目に針をさすときにヨコ糸をさないようにする。また、織り目のタテ糸にそうようにする。

針を引き抜く。これで織り目にタテ糸が入った。

3

左から1本目の織り目に2cmほど針を入れ、針先を出す。左から2本目のタテ糸を針穴に1cm程度通し、針を引き抜く。

4

引き抜いたところ。左の糸は右の織り目に、右の糸は左の織り目に入っている。

5

1〜**4**と同様にほかのタテ糸を中に通したら、余分をカットする。

3. 三角フリンジ

7〜11本の奇数のタテ糸で、三角形にまとめる「コブラ編み」ともいわれるフリンジ。端の糸を中心に向かって「ハーフヒッチエッジ」（裏に隠すp.70）で絡め、タテ糸を中央に集めます。

使用した作品：サシェ（p.34）

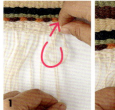

1

右端からスタート。右端2本を、下方向にピンと張った隣の2本に絡めて上向きに引き出す。

POINT 今回はタテ糸が20本の場合。

2

1で引きあげた糸を連続して2組目、3組目、4組目にも巻きつける。5組目は中央4本をまとめて同様に巻きつける。

3

左側も**1**、**2**同様にする。中心は合計6本をまとめて巻きつける。2、3、4段目も同様にしていく。最後はすべての糸がひとまとまりになる。

POINT 最後は別糸でまとめ結び（p.65 **5**〜p.66 **9**）にする。

4

余分をカットする。

71

縫い綴じるときに
1. クレタンステッチ

綴じ合わせるときに使うテクニックで、ボタンホールステッチの仲間です。すき間なくさすと強度が増します。強度を求めないのであれば、間隔を空けても大丈夫です。

使用した作品：チャーム（p.31）

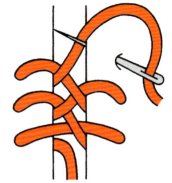

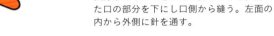

長方形のキリムをふたつ折りにする。開いた口の部分を下にし口側から縫う。左面の内から外側に針を通す。

1で入れた糸端をおさえながら、右面の外から内側に針をさす。
POINT 糸端を3cmほど残しておく。

針先に糸をかけ、左に針を抜く。

1と同様に左面の外から内側に針をさし、糸をかける。

右に針を抜く。同様に位置をずらしながら上まで縫う。

糸の始末をする。輪の外から針をさし、縫い目の間に出す。

もう一度外から内に針を入れて、糸を中に隠す。糸端は中で3cm程度残して切る。

2. プレイト ステッチ

「plait」とは三つ編みに結んだおさげ髪のこと。豊かな長い髪をおさげにしたような、表情の美しいステッチです。2重構造になっているので強度が強く、袋物に使われます。糸は長いと操作しにくいので、短めにし色を変えることも多いです。

使用した作品：ブローチ（p.30）、サコッシュ（p.33）

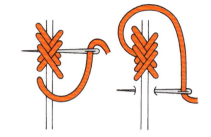

1 長方形のキリムをふたつ折りにする。輪を下にし、口側から縫う。左面の内から外に針をさし、糸を通す。
POINT 糸端を3cmほど残しておく。

2 1より2cmほど下の位置に、2枚一緒に右から左へ、平行に針を通して縫う。

3 1と同じ位置に、今度は2枚一緒に右から左に針をさして縫う。
POINT 左側は、1でさした目のすぐ下に刺す。

4 2より下の位置に、2枚一緒に右から左へ、平行に針をさして縫う。

5 3の位置のすぐ下を2枚一緒に、右から左に針をさす。さした糸がすき間なく並ぶように、**1〜4**を繰り返す。

6 糸が短くなったら1枚だけさし、3cm程度残して切る。新たな糸で下部の内から左に針を通し、糸端を3cm程度残して**3**からはじめる。

7 端まで縫い、最後に右面の外から内に針を入れて引く。外から目の中に針を入れ、糸端を隠す。内側で余分をカットする。

ヨコボーダー 斜め織り

>>> p.21　難易度 ■■■□□

（木枠はタテにする）

	オリジナル		DMC
○		タテ糸	7491
○	0	生成	ECRU
●	4	薔薇	7758
●	9	蜜柑	7444
●	14	薄黄	7353
●	17	薄緑	7404
●	20	常盤	7541
●	28	濃藍	7336
●	32	茶紫	7801

※作品はオリジナルの糸使用。
本体タテ22×ヨコ18cm

モチーフ：**SU YOLU**（スヨル/流れる水）**KÜPE**（キュペ/耳飾り）
BUKAĞI（ブカーウ/足かせ）**KURT İZİ**（クルトイジ/狼の足跡）
CANAVAR AYAĞI（カナバル アヤーウ/モンスターの足跡）

ヨコボーダー スリット織り

>>> p.22　難易度 ■■■□□

（木枠はタテにする）

	オリジナル		DMC
○		タテ糸	7491
○	0	生成	ECRU
●	4	薔薇	7758
●	5	赤茶	7008
●	9	蜜柑	7444
●	10	橙	7505
●	17	薄緑	7404
●	20	常盤	7541
●	29	濃紺	7299
●	31	紫	7375
●	32	茶紫	7801
●	33	茶	7525
●	34	こげ茶	7469

モチーフ：**HAÇ**（ハッチ/十字）
EL, PARMAK, TARAK
（エル、パルマック、タラック/
手、指、くし）
SU YOLU（スヨル/流れる水）
GÖZ（ギョズ/目）

※作品はオリジナル糸使用。
本体タテ22.5×ヨコ19cm

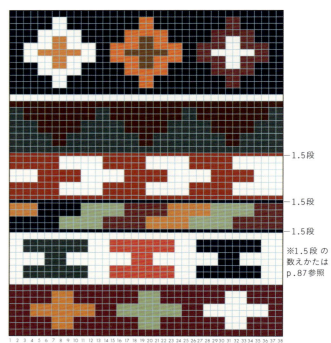

※1.5段 の数えかたは p.87参照

マグカップウォーマー

>>> p.23　難易度 ■■■
（木枠はタテにする）

モチーフ：**SU YOLU**（スヨル/流れる水）

1

オリジナル		DMC
○	タテ糸	7491
○0	生成	ECRU
●4	薔薇	7758
●6	紅	7544
●8	柿	7446
●32	茶紫	7801
●34	こげ茶	7469

2

オリジナル		DMC
○	タテ糸	7491
○0	生成	ECRU
●20	常盤	7541
●24	藍緑	7650
●27	青	7307
●32	茶紫	7801
●34	こげ茶	7469

※作品はオリジナル糸使用。
本体タテ6×ヨコ22cm
（マグカップの大きさに合わせて、長さを調整してください。）

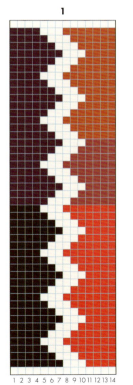

How to make

タテ糸
両端は2本ずつ撚りひも（p.64）にする。それ以外のタテ糸は、フリンジなし(p.70)の始末をする。

使うときにマグカップの持ち手にかけて結ぶ。

タペストリー1

>>> p.24 難易度 ■■■■
（木枠はタテにする）

モチーフ：
SAÇBAĞI
（サチバーウ/髪飾り）

オリジナル		DMC	オリジナル		DMC
○	タテ糸	7491	17	薄緑	7404
3	桃	7760	27	青	7307
7	朱	7127	32	茶紫	7801
8	柿	7446	34	こげ茶	7469
9	蜜柑	7444			

その他材料
25cm長さの木製の棒、上部のフリンジを縫いつける糸、好みの吊りひも

※作品はオリジナル糸使用。
本体タテ24.5×ヨコ20cm

How to make

棒を通し、好みのひもで吊る。つくる場合は織り幅の2倍程度の長さの糸を2本用意する。撚りひも（p.64）をつくり、両端にタッセル（p.65）をつける。

Back

上部のタテ糸
2本ずつひと結びにし（p.45 **4**）、さらに2組ずつひと結びにする。棒の通し穴をつくるため、キリムを裏面にする。キリムの上から2cm程度の部分に同じ色の糸で、織り目に沿って縫いとめる。

下部のタテ糸
2本ずつひと結びし（p.45 **4**）、さらにそれを2組ずつひと結びにする。

タペストリー2

>>> p.25　難易度 ■■■
（木枠はタテにする）

モチーフ：
YILDIZ
（ユルドゥズ/星）

オリジナル		DMC
○	タテ糸	7491
○ 0	生成	ECRU
● 6	紅	7544
● 9	蜜柑	7444
● 10	橙	7505
● 20	常盤	7541
● 27	青	7307
● 31	紫	7375

その他材料

25cm長さの木製の棒、上部のフリンジを縫いつける糸、好みの吊りひも

※作品はオリジナル糸使用。
本体タテ25×ヨコ21cm
※織り終わったら天地を逆にする（下部より上部のタテ糸のほうが長くなるので、三つ編みの始末がしやすいため）。

How to make

棒を通し、好みのひもで吊るす。つくる場合は織り幅の2倍程度の長さの糸を2本用意する。撚りひも（p.64）をつくり、両端にタッセル（p.65）をつける。

Back

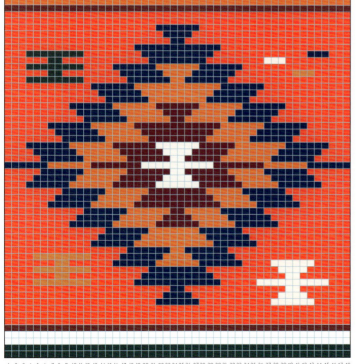

上部のタテ糸
2本ずつひと結びし（p.45 **4**）、さらに3組ずつで三つ編みをする。三つ編みの最後は、1本で残りの5本を巻いてまとめ結び（p.65 **5**〜p.66 **9**）にする。キリムを裏面にする。キリムの上から2cm程度の部分に同じ色の糸で、織り目に沿って縫いとめる。

下部のタテ糸
2本ずつひと結びし（p.45 **4**）、さらに3組ずつ三つ編みをする。三つ編みの最後は、タテ糸1本で5本を巻いて結ぶ。

クラッチバッグ 1

>>> p.26　難易度 ■■■■■
(木枠はタテにする)

モチーフ：ÇENGEL（チェンゲル/フック）

オリジナル		DMC
○	タテ糸	7491
○0	生成	ECRU
● 5	赤茶	7008
● 10	橙	7505
● 27	青	7307
● 29	濃紺	7299
● 34	こげ茶	7469

その他材料
厚手のフェルト（グレー）…タテ15cm×ヨコ24cm

※作品はオリジナル糸使用。DMCの糸ではキリム織りの部分がかなり小さくなるので、オリジナル糸の使用を推奨しています。
※上部のみタテ糸で「織り終い（p.45）」を織っていません。
本体タテ14.5×ヨコ22.5cm
（四つ組み＋タッセル部47cm）

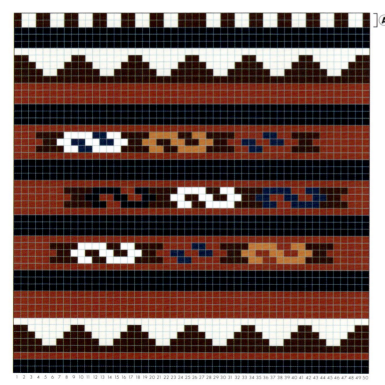

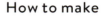　]Ⓐ

How to make

2色トリム、四つ組み、タッセル

織りの最後に2色トリム（p.68）を織る（Ⓐ）。1m程度の2色の糸をそれぞれふたつ折りにして2本どりにし、両端から中心に向けて織る。好みの色と本数でタッセルをつくる（p.65）。中央で同色2本ずつに分け、四つ組み（p.64）にする。残り10cm程度でタッセルをつけ、先端に2個目のタッセルをつける。

フェルトは縫い代を1.5cm内側にして、濃紺の糸で内側を袋状に縫う。目打ちで穴をあけてから縫うとスムーズ。

上下のタテ糸
フリンジなし（p.70）の始末をする。

クラッチバッグ2

>>> p.28 難易度 ■■■■■
（木枠はタテにする）

モチーフ：**KÜPE**（キュペ/耳飾り）

オリジナル		DMC
○	タテ糸	7491
○	0 生成	ECRU
●	2 ベージュ	7724
●	4 薔薇	7758
●	9 蜜柑	7444
●	10 橙	7505

オリジナル		DMC
●	17 薄緑	7404
●	26 緑青	7926
●	32 茶紫	7801
●	33 茶	7525
●	34 こげ茶	7469

その他材料
厚手のフェルト（こげ茶）
…タテ15cm×ヨコ24cm

※作品はオリジナル糸使用。DMCの糸ではキリム織りの部分がかなり小さくなるので、オリジナル糸使用を推奨しています。
本体タテ16.5×ヨコ23cm

How to make

上部のタテ糸
2本ずつひと結びにし（p.45 **4**）、さらに2組ずつひと結びにする。ループ状になるので、そこにタテ糸6～7本通して、まとめ結び（p.65 **5**～p.66 **9**）にする。

下部のタテ糸
2本ずつひと結びにし、短めに切る。

タテ縞
タテ縞を織る（p.67）。

2色トリム
Ⓐは2色トリム（p.68）を織る。2色トリムの両端は15cm、20cm程度出して織り、それぞれ四つ組み（p.64）にする。好みの色と本数でタッセルをつくる（p.65）。20cmのほうは残り10cm程度で撚りひも（p.64）にしてループをつくり、タッセル（p.65）をつける。もう片方は四つ組みにして、先端にタッセルをつける。

フェルトは縫い代1.5cmを内側にして、こげ茶の糸で内側を袋状に縫う。目打ちで穴をあけてから縫うとスムーズ。

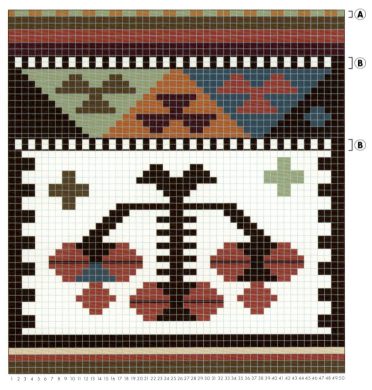

ブローチ

>>> p.30 難易度 ■■■■■
（木枠はヨコにする）

モチーフ:
EL, PARMAK, TARAK
（エル、パルマック、タラック/
手、指、くし）

オリジナル	DMC	その他材料
○ 0　生成	ECRU	ブローチ金具 1 個
● 5　赤茶	7008	※作品はDMCの糸使用。
● 29　濃紺	7299	※タテ糸はDMCの7299（濃紺）を使用しています。 ※上下ともタテ糸で「織り出し（p.42）、織り終い（p.45）」はなし。 本体タテ4×ヨコ8cm

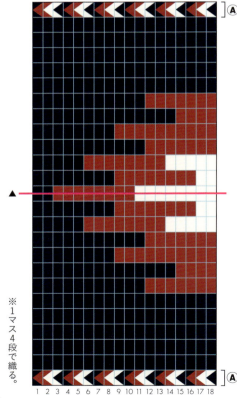

※1マス4段で織る。

How to make

3色トリム
上下とも織り出し（p.42）と織り終い（p.45）は織らず、3色トリム（p.69）を織る（Ⓐ）。左端3cm程度、右端は10cm程度出して織り、糸端は三つ編みにして結ぶ。

上下のタテ糸
▲を目安に半分に折る。2本ずつで、5cm程度の撚りひも（p.64）にし、ひと結びする。

モチーフがないほうを、赤茶の糸でプレイトステッチ（p.73）で縫う。

縫いとじた部分が中心にくるように開き、三角の形にする。

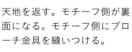

天地を返す。モチーフ側が裏面になる。モチーフ側にブローチ金具を縫いつける。

チャーム

>>> p.31　難易度 ■■■■■
（木枠はヨコにする）

モチーフ：
GÖZ（ギョズ/目）

	オリジナル		DMC
○	0	生成	ECRU
○	1	薄ベージュ	7491
●	7	朱	7127
●	8	柿	7446
●	9	蜜柑	7444
●	17	薄緑	7404
●	25	藍	7318
●	31	紫	7375
●	32	茶紫	7801

※作品はDMCの糸使用。
※タテ糸はDMCの7491（薄ベージュ）を使用しています。
※「織り出し（p.42）」と「織り終い（p.45）」は、中心の4〜15を織ったあと、1〜3、16〜18も織ります。すべて1本どり。
本体タテ7.5×ヨコ5.5cm

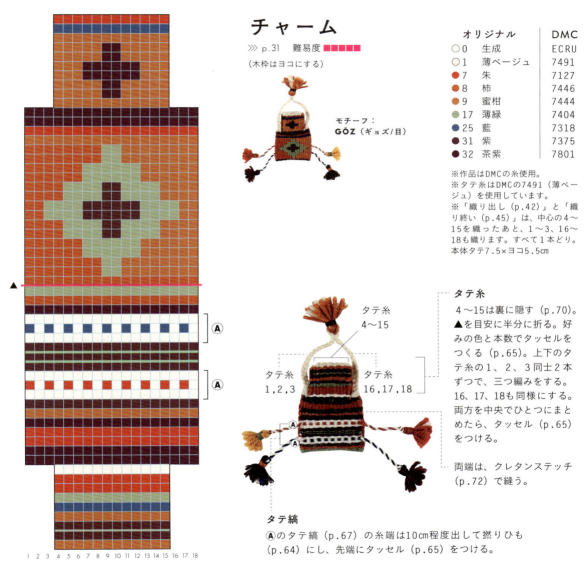

タテ糸

4〜15は裏に隠す（p.70）。▲を目安に半分に折る。好みの色と本数でタッセルをつくる（p.65）。上下のタテ糸の1、2、3同士2本ずつで、三つ編みをする。16、17、18も同様にする。両方を中央でひとつにまとめたら、タッセル（p.65）をつける。

両端は、クレタンステッチ（p.72）で縫う。

タテ縞

Ⓐのタテ縞（p.67）の糸端は10cm程度出して撚りひも（p.64）にし、先端にタッセル（p.65）をつける。

タテ糸中央の12本のみで織りはじめ、途中で18本全部で織ります。そのあと、途中から中央12本で織り終わります。

ピンクッション

>>> p.32　難易度 ■■■■□
（木枠はヨコにする）

モチーフ：
AŞK VE BİRLEŞİM
（アシュク ベ ビルレッシム
/陰陽）

オリジナル		DMC
○	タテ糸	7491
○ 0	生成	ECRU
● 7	朱	7127
● 10	橙	7505
● 17	薄緑	7404
● 27	青	7307
● 32	茶紫	7801
● 34	こげ茶	7469

※作品はオリジナル糸使用。
本体タテ6×ヨコ6.5cm

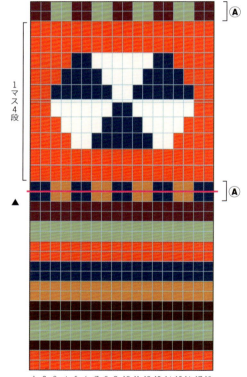

How to make

2色トリム
Ⓐは、2色トリム
（p.68）を織る。

四つ組み（p.64）を
ループ状にしたものを
内側に差し込む。

上下のタテ糸
フリンジなし（p.70）
の始末をする。

朱色の糸で左側と上部を縫いとじる。右側も下部から縫いとじ、
中に短い糸などを詰め、2色トリムやループの糸端も中に入れ込
みながら縫いとじる。

82

サコッシュ

>>> p.33 難易度 ■■■■□
（木枠はタテにする）

モチーフ：
EL, PARMAK, TARAK
（エル、パルマック、タラック/
手、指、くし）

	オリジナル		DMC
○	タテ糸		7491
○	0 生成		ECRU
●	5 赤茶		7008
●	7 朱		7127
●	10 橙		7505
●	20 常盤		7541
●	26 緑青		7926
●	31 紫		7375
●	32 茶紫		7801

その他材料
115cm長さの1cm幅の革ひも

※作品はオリジナル糸使用。
※タテ糸で「織り終い（p.45）」を織っていません。
本体タテ12×ヨコ20cm

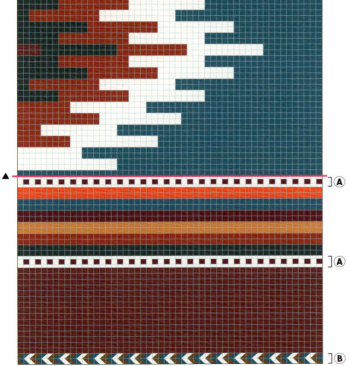

How to make

▲を目安に半分に折る。両サイドは茶紫の糸で、ブレイトステッチ（p.73）で縫う。革ひもの端に目打ちで穴を空け、内側に縫いつける。

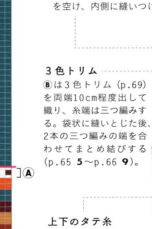

3色トリム
Ⓑは3色トリム（p.69）を両端10cm程度出して織り、糸端は三つ編みする。袋状に縫いとじた後、2本の三つ編みの端を合わせてまとめ結びする（p.65 **5**〜p.66 **9**）。

上下のタテ糸
フリンジなし（p.70）の始末をする。

タテ縞
Ⓐはタテ縞（p.67）を織る。端はまとめてひと結びする。

留め具
ストライプ側の3色トリムの中央部分で、20cmの糸を縫いつけ、タッセルをつける。次にモチーフ側の中央内側で、3本の糸20cm程度をひと目縫い、両端を三つ編みにする。2本の三つ編みを合わせてタッセルが通るループにし、とめ結びをして糸端をカットする。

サシェ

>>> p.34
（木枠はヨコにする）

1
モチーフ：
ÇiÇEK
（チチェッキ/花）
難易度 ■■■■□

2
モチーフ：
AŞK VE BiRLEŞiM
（アシュク ベ ビルレッシム /陰陽）
難易度 ■■■□□

1		
オリジナル		DMC
○	タテ糸	7491
○1	薄ベージュ	7491
● 4	薔薇	7758
● 8	柿	7446
● 17	薄緑	7404

2		
オリジナル		DMC
○	タテ糸	7491
○0	生成	ECRU
● 4	薔薇	7758
● 17	薄緑	7404
● 26	緑青	7926
● 31	紫	7375

※**1**の作品はDMCの糸で、**2**の作品はオリジナル糸使用。
1 本体タテ7×ヨコ6.5cm／**2** 本体タテ6.5×ヨコ5.5cm

その他材料　ポプリ

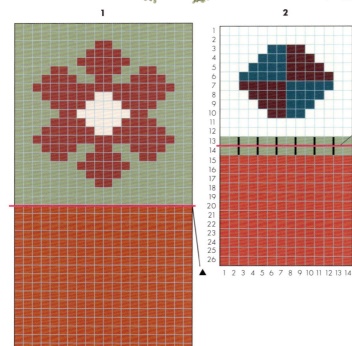

How to make

タテ糸
▲を目安に半分に折る。上下のタテ糸で（1は2本ずつ、2は4本ずつ）三角フリンジ（p.71）にする。

両サイドを目立たない色のヨコ糸で並縫いする。ポプリを入れてとじる。

アレンジ
Ⓐは20cmの糸1色2本ずつ、計4本で、2色トリム（p.68）を織る。糸端は10cm程度出しておく。数本足して、タテ糸でまとめ結び（p.65 **5**～p.66 **9**）をする。

※**1**も同様につくる。ただし、下部のアレンジはなし。

84

ヘアアクセサリー

>>> p.35

（木枠はヨコにする）

1 モチーフ：**SAÇBAĞI**
（サチバーウ/髪飾り）
難易度 ■■■■□

2 モチーフ：**EL, PARMAK, TARAK**
（エル、パルマック、タラック/
手、指、くし）
難易度 ■■■□□

1
オリジナル		DMC
○ 1	薄ベージュ	7491
● 30	薄紫	7266
● 34	こげ茶	7469

2
オリジナル		DMC
○ 0	生成	ECRU
● 5	赤茶	7008
● 24	藍緑	7650

※作品はDMCの糸使用。
※タテ糸は白ではなく、**2**はDMCのECRU（生成）を、**1**は7469（こげ茶）を使用しています。
本体タテ3×ヨコ6.5cm

その他材料　ヘアゴム1個

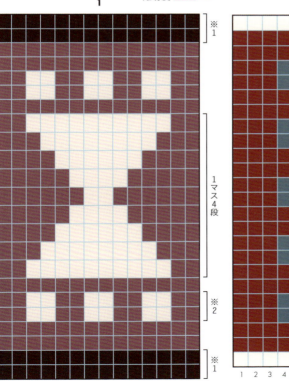

How to make

タテ糸の始末
上下のタテ糸ともフリンジなし（p.49）にする。

目立たないようにゴムを糸で縫い付ける。

※1　「織り出し（p.42）」と「織り終い（p.45）」を兼ねてタテ糸と同じ色の糸で、1本どりで織っています。
※2　タテ糸2本ずつ並んでいるスリット織りは、糸端を切らずに裏面で渡し、連続して織ると強度が増します。

キーケース

>>> p.36 難易度 ■■■■
（木枠はヨコにする）

1
モチーフ：ÇENGEL
（チェンゲル／フック）

2
モチーフ：BUKAĞI
（ブカーウ／足かせ）

1		
オリジナル		DMC
○ 0	生成	ECRU
● 5	赤茶	7008
● 7	朱	7127
● 28	濃藍	7336
● 34	こげ茶	7469

2		
オリジナル		DMC
○ 0	生成	ECRU
● 5	赤茶	7008
● 8	柿	7446
● 9	蜜柑	7444
● 10	橙	7505
● 17	薄緑	7404
● 26	緑青	7926
● 31	紫	7375

※作品はDMCの糸使用。
※タテ糸は**1**はDMCの7469（こげ茶）を、**2**はECRU（生成）を使用しています。
※1 「織り出し（p.42）」と「織り終い（p.45）」を兼ねてタテ糸と同じ色の糸で、1本どりで織っています。
本体タテ6.5×ヨコ3.5㎝

How to make

タテ糸の始末

▲を目安に半分に折る。上下のタテ糸を1、2、3本目同士2本ずつ、三つ編みをする。10、11、12も同様にする。両方を合わせて、まとめ結び（p.65 **5**～p.66 **9**）にする。4～9のタテ糸は4と5、6と7、8と9本目の2本ずつで三つ編みにし、カギを通して両方を合わせ、まとめ結びにする。

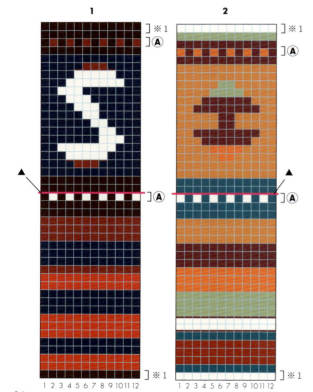

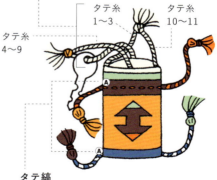

タテ縞

好みの色と本数でタッセルをつくる（p.65）。◎はタテ縞（p.67）で織る。両端は10㎝程度出して織り、撚りひも（p.64）して、端にタッセルをつける。

ポットマット

>>> p.37　難易度 ■■■■■
（木枠はタテにする）

モチーフ：
BEREKET
（ベレケット/豊穣）
EL, PARMAK, TARAK
（エル、パルマック、タラック/
手、指、くし）

	オリジナル		DMC
○	0	生成	ECRU
○	1	薄ベージュ	7491
●	4	薔薇	7758
●	9	蜜柑	7444
●	32	茶紫	7801
●	17	薄緑	7404
●	20	常盤	7541
●	31	紫	7375

※作品はオリジナル糸使用。
※タテ糸として生成を使用。
本体タテ16×ヨコ15cm

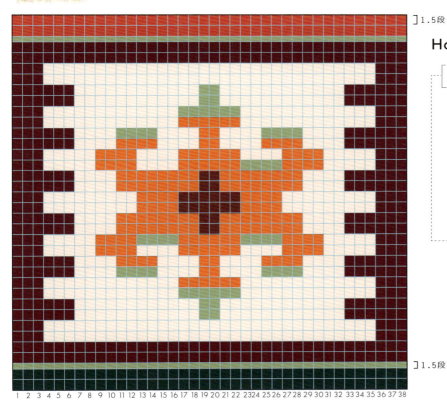

]1.5段

]1.5段

1 2 3 4 5 6 7 8 9 10 11 12 13 14 15 16 17 18 19 20 21 22 23 24 25 26 27 28 29 30 31 32 33 34 35 36 37 38

How to make

タテ糸の始末
上下とも、2本ずつひと結びにする（p.45　**4**）。

1.5段の数え方
（織り幅分織るとき）

3cm折り返し部分

87

KILIM Gallery

> ## 著者作品
> 現地ではじめて織った思い出の1枚や技法サンプルなど、いままで私が織ってきたキリム作品の一部を紹介します。

1996年作
103×68cm
トルコ産糸化学染料単糸
デザイン：アダナキリム

初めて織ったキリムで、念願だった生命の樹のモチーフを取り入れました。織りを教えてくれたギュルスンと2人並んで織ったもの。

2007年作
16×17cm

トルコ産手紡ぎ草木染め単糸
個展用にトルコ結びの絨毯織り技法とキリム織りを融合させた、オリジナルデザイン。

2005年作
136×45㎝ トルコ産手紡ぎ草木染め単糸
デザイン：マラティアキリム

トルコの単糸を使って織ったお気に入り。やはりキリムの赤はパワーがあって好き。

2012年作
120×89㎝ トルコ産手紡ぎ草木染め単糸
デザイン：コンヤキリム

試作として織ったはじめての2枚接ぎ。憧れのエリベリンデのモチーフはとても難しく、学びの多い一枚。同じ糸が入手できず2枚目を織り出すまで年月を経たため、織りあがるまで数年かかったぶん、思い入れのある作品。

技法サンプル
ジジム織り

10×10㎝
オリジナル糸

技法サンプル
トルコ結び絨毯
（パイル織りの技法）

10×10㎝
オリジナル糸

89

オールドキリム

100年以上前に現地で織られた草木染めのアンティークキリムも。本書のなかで紹介したモチーフが入っているので探してみてください。

ADANA REYHANLI
アダナ レイハンル

1900年ごろの、2枚接ぎのアンティークキリム。とても美しい草木染めの色、そして緻密に織り込まれたさまざまなモチーフ。コットン糸を織りこんだ雄羊の角の白がインパクトを与えた極上の一枚。

キリム協力：広尾キリムギャラリーアナトリア
https://www.hirokilimgallery.com

MALATYA SiNAN マラティヤ シナン
145×70cm　Heybe ヘイベ

推定1900年ごろ。ヘイベとはロバの背にかけるサドルバッグ。茜や藍、ブドウの葉などの草木染め糸で、エリベリンデ、雄羊の角、フックなどのモチーフが細やかに織りこまれています。袋物ならではのタテ糸の始末が魅力的。

SIVAS　シワス
80×40㎝

ヤストゥックとは、収納袋やクッションとして使っていた一枚仕立ての袋物のこと。このヤストゥックは、おおらかに織られた雄羊の角のモチーフが素朴でかわいらしく、少女が織ったような雰囲気です。

AFYON　アフヨン
140×91㎝

耳飾りや狼の足跡の配色がやわらかいキリム。こげ茶とのコントラストが際立ち、小さなサイズで心おどるかわいらしさ。メッカの方向を指す「ミフラブ」のモチーフがさりげなく入っています。

MALATYA マラティヤ
162×100cm

狼の口、十字、目、足かせ、フックなど、小さなモチーフがのびのびとちりばめられた、独創的なキリム。厳選された深みのある配色のなか、白がバランスよく際立っています。

SiVRiHiSAR シブリヒサル
350×136cm

腰に手をあてた地母神のモチーフ「エリベリンデ」はアナトリアの伝統的なモチーフ。2枚接ぎとは思えないくらい精巧な織り、藍やアンズなどの草木染めも美しい1900年ごろのアンティークキリム。

93

HATAY REYHANLI　ハタイ レイハンル
275×175cm

アナトリアキリムコレクターの間で人気のレイハンル
キリム。薄手の2枚接ぎで、日本の「嫁入りだんす」
のようなサンドゥックのモチーフがあしらわれています。コチニールで染めたピンクや薄緑の愛らしい配色
が魅力。

MALATYA　マラティヤ
115×75cm

狼の口や星のモチーフがちりばめられたマラティヤ
クルドのキリム。強めに紡がれた美しい糸でしっかり
と織られていて、草木染めの深い配色が魅力の一枚。

AYDIN ÇINE　アイドゥン チネ
300×180cm

力強い雄羊の角のモチーフが生命力を感じさせる二枚接ぎのキリム。茜とインディゴの草木染めがモチーフを際立たせています。左右で上下逆の配色になっています。その大胆さ、大らかさも魅力のひとつ。

ŞARKÖY　シャルキョイ
355×320cm

トルコのバルカン半島側で織られたシャルキョイキリム。生命の樹、鳥のモチーフ。選ばれた織り子たちが工房で織ったもの。黒に近い濃紺と赤のコントラストが美しいキリム。

95

Koyun 由紀子

1996年トルコに渡航、現地でキリム織りを修得し、1998年キリム教室をスタートする。現在、キリム手織工房Koyun主宰。グァテマラでもマヤ織りを修得するなど、その活動は多岐に渡り、プリミティブテキスタイルの研究・伝承を行っている。個人教室のほか、NHK文化センターなどでも講師を務める。個展・合同展示会も多数開催。

STAFF

編集・制作	後藤加奈（株式会社ロビタ社）
撮影	寺岡みゆき
	天野憲仁（株式会社日本文芸社）
スタイリング	鈴木亜希子
デザイン	吉村亮、石井志歩（yoshi-des.）
イラスト	さいとうあずみ
プリンティングディレクション	丹下善尚（図書印刷株式会社）

[協力]
DMC　https://www.dmc.com/
広尾キリムギャラリーアナトリア　https://www.hirookilimgallery.com

参考文献
ANADOLU MOTİFLERİ / MİNE ERBEK
Woven Structures / Marla Mallett
アンデスの染織技法 / 鈴木三八子
THE MAKER'S HAND / Peter Collingwood

内容に関するお問い合わせは
小社ウェブサイトお問い合わせフォームまでお願いいたします。
ウェブサイト　https://www.nihonbungeisha.co.jp/

はじめての、小さなキリムと小物たち

2019年11月1日　第1刷発行

著　者　Koyun 由紀子（こゆんゆきこ）
発行者　吉田芳史
印刷所　図書印刷株式会社
製本所　図書印刷株式会社
発行所　株式会社日本文芸社
　　　　〒135-0001　江東区毛利2-10-18 OCMビル
　　　　TEL 03-5638-1660（代表）

Printed in Japan　112191017-112191017 Ⓝ 01 (201068)
ISBN978-4-537-21729-2
URL https://www.nihonbungeisha.co.jp/
©Koyun Yukiko 2019

印刷物のため、作品の色は実際と異なって見えることがあります。ご了承ください。

本書の一部、または全部をインターネット上に掲載したり、本書に掲載された作品を複製して店頭やネットショップなどで無断で販売することは著作権法で禁じられています。

乱丁・落丁本などの不良品がありましたら、小社製作部宛にお送りください。送料小社負担にておとりかえいたします。法律で認められた場合を除いて、本書からの複写・転載（電子化を含む）は禁じられています。また、代行業者等の第三者による電子データ化及び電子書籍化は、いかなる場合も認められていません。（編集担当：角田）